Rainer Stablo

DIE LINKE. UND ICH

3

Politische Interventionen innerhalb und außerhalb der Partei
sowie Gedanken und Gedankensplitter
–
(K(L))Eine Erfolgsgeschichte.
2018-2019

Ein Konvolut

Bibliographische Information der Deutschen Nationalbibliothek:
Die Deutsche Nationalbibliothek verzeichnet diese Publikation in der
Deutschen Nationalbibliografie, detaillierte bibliografische Daten sind im
Internet über http://dnb.dnb.de abrufbar.

© 2020 Rainer Stablo
Herstellung und Verlag
BoD – Books on Demand, Norderstedt

ISBN 978-3-75043-616-9

10.11.2018

Leserbrief in Junge Welt (online) zum Artikel „Klärungsprozesse »Neue soziale Demokratie«" vom 10.11.2018

Freie sozialistische Republik Deutschland

In Zeiten, in denen selbst in den USA der »demokratische Sozialismus« nicht mehr tabu ist (Alexandria Ocasio-Cortez), ist es merkwürdig defensiv, wenn die linke »Aufstehen«-Sammlungsbewegung in Deutschland von einer »neuen sozialen Demokratie« als Ziel spricht.

Am 100. Jahrestag der Novemberrevolution 1918 ist dies umso erstaunlicher, als selbst Friedrich Ebert und (M)SPD damals die »deutsche sozialistische Republik« beschworen und hochleben ließen, bevor sie sie am Ende mit militärischer Gewalt begruben.

Die »neuen Sozialdemokraten« des Jahres 2018 übersehen ganz, dass die linkssozialistischen Revolutionärinnen und Revolutionäre um Rosa Luxemburg, Karl Liebknecht, Richard Müller etc. weit mehr wollten als die (Weimarer) Republik.

Rätedemokratie und die von Karl Liebknecht am 9. November 1918 ausgerufene »freie sozialistische Republik Deutschland« waren das Projekt und Ziel der sozialistischen Revolution. Nationalversammlung und (Weimarer) Republik waren das schließlich gewaltsam durchgesetzte Gegenprojekt von (M)SPD und Konterrevolution.

Der neu-sozialdemokratische Ansatz des Jahres 2018 greift unverständlicherweise viel zu kurz, bleibt völlig systemimmanent. So und alleine wird er gar nichts richten.

Daher ein versöhnlicher Vorschlag, der zumindest Chancen eröffnen könnte:

Der defensiven neu-sozialdemokratischen Sammlungsbewegung »Aufstehen« wird eine offensive sozialistisch-kommunistische Sammlungsbewegung »freie sozialistische Republik Deutschland« zur Seite gestellt, deren Name Programm ist.

Zur Seite gestellt heißt: nicht in Konkurrenz zueinander, aber auch nicht in Personalunion, sondern dialektisch vermittelt einander stützend, sich nicht voneinander distanzierend, miteinander.

Selbstverständlich gibt es keine Sicherheit, dass »Aufstehen« und »freie sozialistische Republik Deutschland« gemeinsam erfolgreich sein werden. Aber: »Wer wagt, gewinnt. Wer nicht wagt, der hat schon verloren.«

03.11.2018

Leserbrief in Junge Welt (online) zum Kommentar von Patrik Köbele: „Ins Hier und Heute" vom 03.11.2018

Freie sozialistische Republik Deutschland

»Die Geschichte der Novemberrevolution, die Geschichte der Kommunisten in Deutschland« zeigen aber auch, dass das große Ziel der Novemberrevolutionäre noch immer nach Verwirklichung schreit: die freie sozialistische Republik Deutschland! Weitere 100 Jahre Zeit bleiben mit Sicherheit nicht!

31.10.2018

Leserbrief in Junge Welt (online) zum Artikel: „Hessen-Wahl: Grüne, FDP, Linke und AfD mit Zugewinn" vom 30.10.2018

Linkes Wahldesaster

Wie die 6,3 Prozent der Linkspartei in Hessen angesichts der 13,1 Prozent der AfD ernsthaft als großer Erfolg verkauft werden können, ist mir ein Rätsel. Das sieht eher danach aus, als ob man noch einmal mit einem blauen Auge davon gekommen wäre. Kurz vor dem 100. Jahrestag der deutschen Novemberrevolution und der allzu kurz existenten deutschen sozialistischen Republik drängt sich mir frei nach Kurt Tucholsky folgende Rechenaufgabe förmlich auf: »1 Linke nähert sich 1 freien sozialistischen Republik in 10 Jahren 0 Millimeter. In wieviel Jahren merkt sie, dass Strategie und Taktik verfehlt sind?« Karl Liebknecht und Rosa Luxemburg würden sich fremdschämen.

23.10.2018

2. Facebook-Eintrag bei Melanie Wery-Sims anlässlich ihrer Kandidatur für den Kreistag Bernkastel-Wittlich nach Antwort von Dave Koch

Rosa Luxemburg, hat dazu noch mehr gesagt ;).

Nicht zuletzt wegen dieser eindeutigen Stellungnahmen während der Novemberrevolution 1918 wurde sie am 15.01.1919 ermordet:

"Der Sozialismus ist keine Frage der parlamentarischen Wahl, sondern eine Machtfrage."

„Nein, Genossen, nicht darauf kommt es für uns Sozialisten an, zu regieren, sondern den Kapitalismus zu stürzen."

„Sozialismus heißt nicht, sich in ein Parlament zusammensetzen und Gesetze beschließen, Sozialismus bedeutet für uns Niederwerfung der herrschenden Klassen (...)."

„Ein idyllischer Plan dies: auf parlamentarischem Weg, durch einfachen Mehrheitsbeschluss den Sozialismus zu verwirklichen!"

„(...) himmelblaue Phantasie aus dem Wolkenkuckucksheim (...)"

„"Demokratie", Volksherrschaft beginnt erst dann, wenn das arbeitende Volk die politische Macht ergreift."

„Was bisher als Gleichberechtigung und Demokratie galt: Parlament, Nationalversammlung, gleicher Stimmzettel, war Lug und Trug!"

(Rosa Luxemburg, Gesammelte Werke Band 4, S. 458, 460, 461, 462, 465)

23.10.2018

1. Facebook-Eintrag für Melanie Wery-Sims anlässlich ihrer Kandidatur für den Kreistag Bernkastel-Wittlich

Liebe Melanie,

verbunden mit der Hoffnung, dass Du Dich/Ihr Euch vor Illusionen in die Wirksamkeit linker kommunalpolitischer Gremienarbeit schützen könnt und werdet, ein paar Zitate aus dem jüngsten Buch von Prof. Dr. Rainer Mausfeld:

„„Repräsentative Demokratie" als Mittel zur Verhinderung von Demokratie"

„Wahlen sind (…) nur ein vergleichsweise nebensächlicher Aspekt der demokratischen Willensbildung. Von den jeweiligen Machteliten werden sie jedoch gerne (…) in den Vordergrund gestellt, weil sie besonders in der Lage sind, im Volk eine Illusion von Demokratie und Volkssouveränität zu erzeugen. Mit einer solchen Illusion lässt sich der natürliche Widerstand gegen eine gesellschaftliche Fremdbestimmung lahmlegen. In oligarchischen Strukturen (…) sind Wahlen nicht Ausdruck einer Volkssouveränität. Vielmehr sind sie ein Instrument der Herrschaftssicherung, das besonders geeignet ist, Veränderungsbedürfnisse zu neutralisieren und in eine gewünschte Richtung zu lenken."

„Die repräsentative Demokratie hat für die eigentlichen Zentren der Macht den Vorteil, dass die gesamte Veränderungsenergie des Volkes in der Wahl anderer Repräsentanten aus einem vorgegebenen Spektrum erschöpft wird."

Die „repräsentative Demokratie (stellt) für die Machteliten eine nahezu perfekte Herrschaftsform dar; sie ist eine Form der Oligarchie die jedoch dem Volk als Demokratie erscheint."

(Rainer Mausfeld, Warum schweigen die Lämmer?, Westend Verlag, 2018, S. 91, 94, 97)

02.05.2018

Leserbrief in Junge Welt (online) zum Artikel: „Der Kapitalismus ist in einer Umbruchphase" vom 28.04.2018

Krieg und Frieden und IG Metall

Der Versuch eines Brückenschlages mit an Karl Marx orientierter Dialektik, Kritik und Logik könnte so aussehen:

1. So wie im Allgemeinen das Spannungsverhältnis zwischen Arbeit und Kapital erst durch die sozialistisch-revolutionäre Aufhebung des Kapitalismus gelöst werden kann, so auch im Besonderen das Spannungsverhältnis zwischen der Antikriegshaltung der IG Metall und den sozial- und beschäftigungspolitischen Interessen der Beschäftigten im Rüstungsbereich.

2. Wirklicher Frieden für alle wird erst dann entstehen können, wenn der Kampf/Krieg zwischen Kapital und Arbeit zugunsten der Arbeit entschieden ist.

3. So wie der Kapitalismus mit der Arbeiterklasse zumindest potentiell das Subjekt zu seiner Überwindung hervorgebracht hat, so mit der Rüstungsproduktion nicht nur Mittel zur Absicherung und Ausweitung seiner Herrschaft, sondern auch potentiell Mittel zu seiner revolutionären Überwindung.

4. Der Brückenschlag zwischen der Antikriegshaltung der IG Metall, falls vorhanden, und den Interessen der Beschäftigten im Rüstungsbereich – im kapitalistischen Hier und Jetzt und auf dem Weg in eine sozialistische Gesellschaft – könnte mit folgenden (sozialistisch-revolutionären) Forderungen zum Ausdruck gebracht werden:

a. Vergesellschaftung der Rüstungsindustrie und Produktion unter demokratischer Kontrolle statt kompletter Abschaffung der Rüstungsindustrie,

b. Reduktion der Rüstungsproduktion auf ein unbedingt notwendiges Maß und Muss statt 100prozentiger Rüstungskonversion,

c. Komplette Ausrichtung der Rüstungsprodukte auf militärische Selbstverteidigung im Rahmen des Völkerrechts,

d. Aufbau sozialistischer Selbstverteidigungsstreitkräfte statt ersatzloser Abschaffung der Bundeswehr,

e. Beschränkung der Rüstungsexporte auf Verbündete im Kampf gegen Kapitalismus, Imperialismus, Kolonialismus, Faschismus etc. statt Abschaffung aller Rüstungsexporte.

5. Der traditionelle, pazifistische Ansatz der Friedensbewegung ist eindimensional und daher nicht adäquat.

01.05.2018

Beitrag in spiegel-online.de zum Artikel: „Juso-Chef Kühnert fordert zwölf Euro Mindestlohn - mindestens"

Worüber debattieren wir?

In der Landesverfassung Rheinland-Pfalz gibt es (noch immer) den bemerkenswerten Artikel 56 [Arbeitsentgelt und Gewinnanteil, Gleicher Lohn], in dem es unmissverständlich heißt:

„(1) Das Arbeitsentgelt muss der Leistung entsprechen, zum Lebensbedarf für den Arbeitenden und seine Familie ausreichen und ihnen die Teilnahme an den allgemeinen Kulturgütern ermöglichen. Darüber hinaus soll dem Arbeitnehmer in geeigneter Weise ein gerechter Anteil am Reinertrag je nach Art und Leistungsfähigkeit der Unternehmungen durch Vereinbarung gesichert werden.

(2) Männer, Frauen und Jugendliche haben grundsätzlich für gleiche Tätigkeit und Leistung Anspruch auf den gleichen Lohn."

Wenn eine Gesellschaftsordnung es nicht (mehr) schafft, diese Grundsätze zu verwirklichen, insbesondere also einer/m Vollzeitarbeitenden das Arbeitsentgelt zu gewähren, das ihr/ihm und ihrer/seiner Familie (!) ein menschenwürdiges Leben ermöglicht und sichert, (spätestens) dann gehört sie (auch deshalb) auf den Müllhaufen der Geschichte.

23.04.2018

Leserbrief in Junge Welt vom 23.04.2018 zum Artikel „Dschihadisten kapitulieren" vom 21.04.2018

Lebenslang

Vor dem Hintergrund der Einschätzung der Wissenschaftlichen Dienste des Bundestages, dass der Angriff der USA, Großbritanniens und Frankreichs auf Syrien völkerrechtswidrig war, wäre eine Antwort auf folgende Zusatzfragen möglicherweise nicht weniger spannend: 1. Hätte die Bundesregierung sich strafbar gemacht, wenn die Bundeswehr (…) an der Angriffshandlung teilgenommen hätte? 2. Wie stünde es um (…) Mitglieder des Bundestages, die eine Teilnahme abgesegnet hätten? Denn immerhin gibt es den Paragraphen 13 (Verbrechen der Aggression) im Völkerstrafgesetzbuch, in dem es heißt: »Wer einen Angriffskrieg führt oder eine sonstige Angriffshandlung begeht, die ihrer Art, ihrer Schwere und ihrem Umfang nach eine offenkundige Verletzung der Charta der Vereinten Nationen darstellt, wird mit lebenslanger Freiheitsstrafe bestraft.« (…)

15.04.2018

Beitrag in meta.tagesschau.de zum Artikel: „Katalonien: Separatisten protestieren für ihre Anführer"

Vorschlag: Wahl Puigdemonts z.B. in Berlin!

Wenn der Prophet nicht zum Berg kommt, muss der Berg halt zum Propheten kommen!

Warum tritt das katalanische Parlament nicht z.B. in Berlin zusammen, um Puigdemont erneut zum Präsidenten zu wählen?

Das Problem seiner persönlichen Anwesenheit wäre damit zumindest gelöst! Und die internationale Aufmerksamkeit ebenfalls garantiert.

15.04.2018

Beitrag in spiegel-online.de zum Artikel: „Westen will unabhängige Untersuchung von mutmaßlichem Giftgasangriff"

verquere, den gesunden Menschenverstand beleidigende Logik

erst bomben - dann prüfen, verquerer geht es nicht mehr. „Der Westen" ist völlig auf den Hund gekommen. Höchste Zeit, dass sich das ändert! Nur wie?

14.04.2018

Beitrag in der geschlossenen Facebook-Gruppe „Wir LINKEN im Südwesten"

Syrien, 14.04.2018
noch einmal Glück gehabt!
noch einmal mit einem blauen Auge davon gekommen!
Dank an Russland!
Dank an Putin!
Dank an die Besonnenen und Vernünftigen!
Dank für die geschenkte Zeit, die es unverzüglich zu nutzen gilt!
Deutschland raus aus der NATO! - NATO raus aus Deutschland!
Für eine freie sozialistische Republik (in) Deutschland!
100 Jahre nach dem ersten, gescheiterten Versuch gibt es keine Ausreden mehr, wird es endgültig Zeit!

12.04.2018

Beitrag in der geschlossenen Facebook-Gruppe „Wir LINKEN im Südwesten"

Die SPD von Ebert, Scheidemann und Noske ("Einer muss der Bluthund werden"), die im Verbund mit den reaktionärsten Kreisen Deutschlands die Novemberrevolution 1918 gewaltsam abwürgte, ist längst wieder da, war nie wirklich weg!

11.04.2018

Beitrag in der geschlossenen Facebook-Gruppe „Wir LINKEN im Südwesten"

Die völlig irrationale, zynische, arrogante, anmaßende, jeden zur Vernunft fähigen Menschenverstand beleidigende kapitalistische Logik führt mal wieder zum Krieg!

Originalton (heute Nachmittag) des USA-Präsidenten Donald J. Trump über Twitter:

"Russia vows to shoot down any and all missiles fired at Syria. Get ready Russia, because they will be coming, nice and new and "smart!" You shouldn't be partners with a Gas Killing Animal who kills his people and enjoys it!"

Quelle:
https://twitter.com/realDonald-
Trump?ref_src=twsrc%5Egoogle%7Ctwcamp%5Eserp%7Ctwgr%5Eauthor

Unglaublich nur noch!

23.03.2018

**Beitrag in der geschlossenen Facebook-Gruppe „Wir LINKEN im Süd-
westen"**

Syrien - Lieber ein Ende mit Schrecken als ein Schrecken ohne Ende (Ferdi-
nand von Schill)

Der islamistisch-terroristische Spuk scheint auch in Ost-Ghuta (mit hof-
fentlich vorläufiger Ausnahme von Duma, das von Jaysh Al-Islam beherrscht und terrorisiert wird) endlich dem Ende zuzugehen. Die syrischen
Regierungstruppen (unterstützt durch Russland, Iran etc.) konnten - so die
Meldungen - eine Vereinbarung mit den außerhalb Dumas verbliebenen
Dschihadisten erreichen. Die werden Ost-Ghuta (mit ihren Familien) ver-
lassen und mit Bussen in die Region Idlib gefahren werden, dorthin, wo
sich inzwischen Dschihadisten jeglicher Couleur tummeln und teils gegen-
seitig bekriegen:

Faylaq al-Rahman, Hay'at Tahrir al-Sham Agree To Leave East Ghouta

https://southfront.org/faylaq-al-rahman-hayat-tahrir-al-sham-agree-
leave-east-ghouta/

11.03.2018

Beitrag in der geschlossenen Facebook-Gruppe „Wir LINKEN im Süd-westen"

Dann noch einmal:

https://weact.campact.de/petitions/deutschland-raus-aus-der-nato-nato-raus-aus-deutschland-1?just_launched=true

**Deutschland raus aus der NATO! –
NATO raus aus Deutschland!**

25.02.2018

Beitrag in der geschlossenen Facebook-Gruppe „Wir LINKEN im Südwesten"

Als kleine Ergänzung zur UNSC-Syrien-Resolution 2401 (2018) einige Punkte, die (mit Blick auf die „moderaten Rebellen", Türkei, USA und andere mehr) als Quasi-Lackmustest wohl mit großer Wahrscheinlichkeit auf Intervention Russlands hineingeschrieben worden sind:

„Reaffirming its strong commitment to the sovereignty, independence, unity and territorial integrity of Syria, and to the purposes and principles of the Charter of the United Nations,"

„(...) devastating humanitarian situation in Syria, including in (...), Rukhban and Raqqa (...)"

„(...) unacceptable levels of violence escalating in several parts of the country, in particular (...) but also Damascus City, including shelling on diplomatic premises, and at attacks against civilians, civilian objects and medical facilities (...)"

„(...) disturbance at the humanitarian situation in Raqqa (...)"

„(...) expressing grave alarm at the dire situation of the hundreds of thousands of civilians trapped in besieged areas in the Syrian Arab Republic, especially in (...), Yarmouk, Foua and Kefraya, and reaffirming that sieges directed against civilian populations in Syria are a violation of international humanitarian law, and calling for the immediate lifting of all sieges."

„1. Demands that all parties cease hostilities without delay, and engage immediately to ensure full and comprehensive implementation of this demand by all parties, for a durable humanitarian pause for at least 30 consecutive days throughout Syria (...)"

„2. Affirms that the cessation of hostilities shall not apply to military operations against the Islamic State in Iraq and the Levant (ISIL, also known as Da'esh), Al Qaeda and Al Nusra Front (ANF), and all other individuals, groups, undertakings and entities associated with Al Qaeda or ISIL, and other terrorist groups, as designated by the Security Council;"

„8. (…) reiterates its demand that all parties demilitarize medical facilities, schools and other civilian facilities and avoid establishing military positions in populated areas and desist from attacks directed against civilian objects;"

„10. (…) enable the rapid, safe and unhindered evacuation of all civilians who wish to leave (…)"

25.02.2018

Beitrag in der geschlossenen Facebook-Gruppe „Wir LINKEN im Südwesten"

Lange gesucht und doch gefunden, die jüngste Resolution des Sicherheitsrats der Vereinten Nationen zu Syrien, mal sehen, was daraus wird:

https://www.un.org/press/en/2018/sc13221.doc.htm

Security Council Demands 30-day Cessation of Hostilities in Syria to Enable Humanitarian Aid Delivery, Unanimously Adopting Resolution 2401 (2018)

22.02.2018

Beitrag in der geschlossenen Facebook-Gruppe „Wir LINKEN im Südwesten"

https://weact.campact.de/petitions/deutschland-raus-aus-der-nato-nato-raus-aus-deutschland-1?just_launched=true

**Deutschland raus aus der NATO! –
NATO raus aus Deutschland!**

16.11.2017

VKPiD:

Für ein unabhängiges, freies und sozialistisches Deutschland im Dienste des Friedens in einer multipolaren Welt gleichberechtigter und selbstbestimmter Völker!

13.11.2017

Beitrag in der geschlossenen Facebook-Gruppe „Wir LINKEN im Südwesten"

zur Information mein Leserbrief in der heutigen Jungen Welt zum Thema Krieg und Frieden:

Nutzloses Produkt

Zu jW vom 9. November: »Vernetzen gegen Krieg«

In Anlehnung an den berühmten Satz Max Horkheimers: »Wer aber vom Kapitalismus nicht reden will, sollte auch vom Faschismus schweigen«, fällt mir zu diesem typisch illusionären, nutzlosen, zum Scheitern verurteilten Produkt der mittlerweile in Orthodoxie erstarrten Friedensbewegung in Deutschland nur noch folgendes ein: »Wer aber vom Antikapitalismus, Antiimperialismus, Sozialismus, Kommunismus nicht reden will, sollte auch vom Frieden schweigen!«

„Wer vom Antikapitalismus, Antiimperialismus, Sozialismus, Kommunismus nicht reden will, sollte auch vom Frieden schweigen!"

https://www.jungewelt.de/artikel/321673.aus-leserbriefen-an-die-redaktion.html

13.11.2017

Beitrag in der geschlossenen Facebook-Gruppe „Wir LINKEN im Südwesten"

Zur Information ein wirklich starker, kenntnisreicher, argumentativer, überzeugender Artikel von Karin Leukefeld zur Situation in Syrien/Irak aus der Jungen Welt von heute, 13.11.2017:

Great Game

In Syrien wie im gesamten Nahen Osten ringen Regional- und Großmächte um Einfluss. Die Position der USA ist dabei schwächer geworden

https://www.jungewelt.de/artikel/321672.great-game.html

11.11.2017

Per E-Mail an Patrik Köbele, DKP

Betreff: **aus purer politischer Verzweiflung: Plädoyer für die Gründung einer Vereinten Kommunistischen Partei in Deutschland (VKPiD) am 30.12.2018**

Hallo Patrik,

aus purer politischer Verzweiflung über die mir aussichtslos erscheinende Lage der Linken (sozialistisch/kommunistisch) in Deutschland habe ich mir ein paar Gedanken gemacht.

Herausgekommen ist dabei ein - auch schriftlich als Entwurf vorliegendes - Plädoyer

für die Gründung einer Vereinten Kommunistischen Partei in Deutschland (VKPiD)

am 100. Jahrestag der Gründung der KPD, also am 30.12.2018.

Bei einem Weiter so, zersplittert, von Organisationsegoismen beherrscht und gehemmt, wird es nichts werden mit der Errichtung einer sozialistischen Gesellschaft/Demokratie in Deutschland. Die wird dann entweder Wunschtraum bleiben oder sich als Wahnvorstellung herausstellen. Mit katastrophalen Folgen (imperialistische Barbarei, Krieg etc.).

Ein Neuanfang ist meines Erachtens unabdingbar notwendig.

Was spräche dagegen, den 100. Jahrestag der Gründung der KPD (30.12.2018) zum Anlass zu nehmen, diesen Neuanfang zu wagen? Vorurteilsfrei, zielorientiert (und mit Siegeswillen!) nach vorne schauend, die beinahe unendlich vielen Fehler, Irrwege, Sackgassen, Dummheiten, Denkverbote, irrationalen Tabus, Dogmatismen, Organisationsegoismen, Strategie- und Planungsdefizite etc. der sozialistischen/kommunistischen Bewegung/Organisationen/Parteien in Deutschland produktiv überwindend.

Ein Neuanfang mit einer Vereinten Kommunistischen Partei, die geschichts- und durchaus auch traditionsbewusst ist, aber eben auch rational(!) unvernünftige Tabus bricht, die internationalistisch, antiimperialistisch, eindeutig sozialistisch-revolutionär ist und keinen Platz mehr hat für Reformismus, Sozialdemokratismus, Opportunismus, Unreflektiertheit, Irrationalismus, Unwissenschaftlichkeit und andere Illusionen, die von der Geschichte längst widerlegt worden sind.

Ein Neuanfang mit einer Vereinten Kommunistischen Partei, die als solidarischer Teil der internationalen sozialistischen/kommunistischen Bewegung bereit ist, auch aus den (historischen/gegenwärtigen) Erfahrungen, Niederlagen und Erfolgen der sozialistischen/kommunistischen Ansätze/Organisationen/Parteien/Bewegungen in der Welt (insbesondere in China, Vietnam, Kuba, Venezuela, Russland, Indien, Griechenland, ... IMCWP, solidnet) zu lernen, damit sie gemeinsam mit diesen wirkmächtig wird.

An einer strategischen Entwicklung in dieser Richtung würde ich mich liebend gerne und mit aller Kraft beteiligen.

Und wenn eine Doppelmitgliedschaft (in Linkspartei und DKP, siehe unten) dabei hilfreich wäre, würde ich auch diesen Schritt gehen!

Ich hoffe, dass Du diese Idee nicht für völlig verrückt hältst.

Wenn Du Interesse hast, kann ich Dir das Plädoyer (5 Seiten DIN A4) als pdf per E-Mail zusenden.

mit solidarischen Grüßen aus dem völlig verregneten Hunsrück

Rainer Stablo
Morbach

11.11.2017

Entwurf, Diskussionsbeitrag

**Sozialistische Revolution oder imperialistischer Krieg!
Sozialismus/Kommunismus oder Kapitalismus/Imperialismus!**

**Plädoyer für die Gründung einer/der Vereinten Kommunistischen Partei
in Deutschland (VKPiD) am 100. Jahrestag der Gründung der Kommunistischen Partei Deutschlands (KPD), dem 30. Dezember 2018**

Was ist?

Oberflächliches, scheindemokratisches Jamaika-Gemauschel in Berlin, lan-
cierte, pseudo-aufklärerische Paradise- und Panama-Papers, reaktionäres
AfD-Getöse, protofaschistische Pegida-Inszenierungen, aggressives Russ-
land-, Putin-, Assad- und Maduro-Bashing in Mainstream-Medien und Politik, exzeptionalistisches, höchst gefährliches Trump-Getwitter, US- und
EU-imperialistisches Kriegsgeschrei, NATO-Expansion, antisozialistische
und antikommunistische Hass-Tiraden, neoliberales Geschwätz, dagegen
hilfloses, kleinbürgerlich-pazifistisches, lernresistentes Friedensgefasel, Il-
lusionärer systemimmanenter Sozialdemokratismus, Tradeunionismus
und Reformismus seit annähernd 200 Jahren!

Das alles ist nicht mehr zu ertragen!

Diese Pseudo-Debatten, Ablenkungsmanöver, Nebelkerzen beleidigen nur
noch den gesunden Menschenverstand! Und die geschichtsblinden Unzulänglichkeiten der Linken bleiben weit hinter dem Notwendigen zurück.
Nichts davon bringt die allgegenwärtigen Probleme und Geißel der
Menschheit (Hunger, Armut, Krieg, Terrorismus, Gewalt und Kriminalität
ausgesetzt, von Klimawandel und Klimakatastrophe bedroht, Ungleich-
heit, Unterdrückung, Knechtschaft, Sklaverei, Ausbeutung, Beherrscht-
sein, Fremdbestimmtheit, Entfremdung, menschenunwürdigen Lebens-
verhältnissen unterworfen, Unfreiheit, Zukunftslosigkeit, Neo-Imperialis-
mus, Neo-Kolonialismus, Rassismus, Sexismus etc.) einer menschenwürdi-
gen Lösung auch nur ein kleines Stück weit näher.

Die menschenverachtenden Oligarchien der Welt wollen verbergen und
verschleiern, dass das all diesen Problemen zugrundeliegende Übel, das

kapitalistische System, von dem sie profitieren und das sie nährt, am Ende ist, ins Siechtum gefallen ist, bereiten zumindest den nächsten großen Krieg vor, um sein und damit ihr Überleben als Mächtige zu sichern.

Die Beherrschten dagegen wollen nicht erkennen, dass sie nichts erreichen werden, wenn sie an ihrer bisherigen irrationalen Sisyphos-Strategie festhalten.

Was tun?

Was hindert sie, die Beherrschten, aus der Menschheitsgeschichte endlich zu lernen? Politische Dummheit? Unfähigkeit? Beschränktheit? Resignation? Lethargie? Angst? Angst vor Konsequenzen? Unkenntnis? Mutlosigkeit? Phantasielosigkeit? Eine Mischung wahrscheinlich von all dem und mehr!

Aber:

Lehrt die jüngere Geschichte nicht, dass die Erkenntnis von Friedrich Engels: „die bürgerliche Gesellschaft steht vor einem Dilemma: entweder Übergang zum Sozialismus oder Rückfall in die Barbarei." immer noch Gültigkeit hat?

Hat die jüngere Geschichte die Erkenntnis von Karl Marx: „Die Waffe der Kritik kann allerdings die Kritik der Waffen nicht ersetzen, die materielle Gewalt muss gestürzt werden durch materielle Gewalt, allein auch die Theorie wird zur materiellen Gewalt, sobald sie die Massen ergreift." obsolet werden lassen?

Oder ist im Laufe der Zeit der Erkenntnis von Rosa Luxemburg: „entweder Triumph des Imperialismus und Untergang jeglicher Kultur, wie im alten Rom, Entvölkerung, Verödung, Degeneration, ein großer Friedhof. Oder Sieg des Sozialismus, das heißt der bewussten Kampfaktion des internationalen Proletariats gegen den Imperialismus und seine Methode: den Krieg." der Boden entzogen worden?

Ist es nicht so, dass Wladimir Iljitsch Lenin, Fidel Castro Ruz, Mao Tse Tung, Ho Chi Minh, Che Guevara, Hugo Chavez, um nur einige wenige herausragende Persönlichkeiten zu nennen, und die vielen Millionen Menschen, die

mit und nach ihnen in opferreichen antikapitalistischen, antiimperialistischen, antikolonialistischen Abwehr- und Befreiungskämpfen und -kriegen
der Diktatur des Kapitals zumindest in ihren Einflussbereichen ein Ende
setzen wollten oder konnten, nicht bloß Wahnvorstellungen oder Trugbil-
dern erlegen sind?

Und über den Tellerrand Deutschlands hinaus geschaut: Würden die 11
Millionen Menschen der sozialistischen Republik Kuba, die dem US-Impe-
rialismus bis heute erfolgreich widerstanden haben, die 95 Millionen Menschen der Sozialistischen Republik Vietnam, die unter Millionen von Op-
fern den französischen und US-amerikanischen Imperialismus besiegt haben, und die 1400 Millionen Menschen der sozialistischen Volksrepublik
China, die sich vom britischen und japanischen Kolonialismus befreit haben, wirklich lieber unter rein kapitalistischen Verhältnissen leben wollen?

Was wäre daran erstrebenswert? Würde es ihnen dann besser gehen als
heute? Würde es ihnen besser ergehen als den 1340 Millionen Menschen
in Indien, deren Herrschende dem Kapitalismus nach der Befreiung vom
britischen Kolonialismus Tür und Tor geöffnet haben, obwohl es in der
Präambel der Indischen Verfassung seit 1976 eindeutig und eigentlich unmissverständlich heißt, dass Indien vom Volk als „souveräne, sozialistische,
säkulare, demokratische Republik" konstituiert worden ist.

Lehrt all das nicht, jedenfalls bis zum Beweis des Gegenteils, dass das Ein-
zige, was noch Abhilfe schaffen, die Probleme lösen und die geplanten klei-
nen Kriege und den nächsten großen Krieg noch verhindern kann, der ra-
dikale, organisierte, in letzter Konsequenz mit hoher Wahrscheinlichkeit
auch bewaffnete Aufstand in Massen ist, die sozialistische Revolution der
beherrschten Massen gegen die Herrschaft der Wenigen und das diesmal
auch und insbesondere in den Zentren ihrer Macht?

Vorerst?

„Leider konnten wir unsere anvisierten Ziele (…) vorerst nicht erreichen."
„nun kommt die Zeit zum Nachdenken. Es werden neue Situationen kommen (…)". Mit diesen Worten machte Hugo Chavez der Bevölkerung in
Venezuela Hoffnung auf einen Neuanfang nach dem gescheiterten Putsch-
versuch patriotischer Revolutionäre und Antiimperialisten gegen die kapitalistische Oligarchie im Jahr 1992, der von ihm und anderen zivilen und
militärischen Kräften über sage und schreibe 20 Jahre hinweg vorbereitet

worden war. Sie wurden aus dem Gefängnis heraus ergänzt durch die Worte: „Vorerst werden wir uns organisieren. Nichts fällt uns in den Schoß. Also reißen wir uns zusammen!"

Nach Jahren beharrlicher organisierter politischer Arbeit konnte schließlich die sozialistische bolivarische Republik Venezuela mit dem von der Bevölkerung direkt gewählten Präsidenten Hugo Chavez ins Leben gerufen werden.

Haben die bisherigen sozialistischen und/oder kommunistischen Parteien in Deutschland ihre anvisierten Ziele erreicht? Die schonungslose Antwort lautet: nein, in Ost wie in West! Die hoffnungsvollere, chavistische: vorerst jedenfalls nicht! Die Zeit zum Nachdenken ist gekommen! Es werden neue Situationen kommen. Es ist die Zeit sich neu zu organisieren! Zeit sich zusammenzureißen!

Zeit also, inne zu halten und - verknüpft mit dem Blick über den bundesdeutschen Tellerrand hinaus - aus den Fehlern aller bisherigen sozialistischen und/oder kommunistischen Parteien/Organisationen in Deutschland zu lernen.

Zukunft?

Der 100. Jahrestag der Gründung der 1. Kommunistischen Partei in Deutschland, der Kommunistischen Partei Deutschlands (KPD), der Partei Rosa Luxemburgs und Karl Liebknechts, ist am 30. Dezember 2018.

Was spricht dagegen, das Jahr bis dahin - ganz im Sinne von Hugo Chavez - zu einem Jahr des Innehaltens und Nachdenkens und der Neu-Organisation zu machen, um wirklich schlagkräftig zu werden für „neue Situationen", die kommen werden?

Was für ein historisches Ereignis wäre es, wenn - selbstlos und im Sinne des Ganzen - alle Egoismen der bisherigen sozialistischen/kommunistischen Parteien und/oder Organisationen in Deutschland vollständig über Bord geworfen werden könnten, auf den Müllhaufen der Geschichte, und aus Fehlern und Unzulänglichkeiten aller und der Geschichte lernend und auf den bisher gemachten Erfahrungen fruchtbar aufbauend am 100. Jahrestag, dem 30.12.2018 also, eine neue Organisation gegründet werden könnte, die

VKPiD   -   Vereinte Kommunistische Partei in Deutschland !

Morbach im Hunsrück, am 09. November 2017, dem 99. Jahrestag der Ausrufung der Freien Sozialistischen Republik Deutschland durch Karl Liebknecht in Berlin

Rainer Stablo

Wesentliche Merkmale der Vereinten Kommunistischen Partei in Deutschland, **in Stichworten**:

1. Grundsätzlich positive, kritisch-konstruktive, internationalistisch-soli-
darische Bezugnahme auf die mehr oder weniger erfolgreichen Sozialisti-
schen/Kommunistischen Parteien in der Welt, insbesondere Kubas, Viet-
nams, Chinas, Indiens, aber auch Russlands. Verstärkte Fortsetzung der internationalen Zusammenarbeit mit Kommunistischen und Arbeiterpar-
teien im Rahmen des jährlich stattfinden IMCWP (International Meeting
of Communist and Workers' Parties, http://www.solidnet.org/).

Die Linke in Deutschland hat mit Sicherheit nicht die sozialistische/kom-
munistische Weisheit in der Welt gepachtet. Diesen Glauben zur Grund-
lage im Umgang mit anderen sozialistischen/kommunistischen Parteien zu
machen, wäre ein alter, fataler Fehler, Ausdruck von (typisch deutscher?)
Überheblichkeit, Selbstüberschätzung, Hybris.

2. Die Bezeichnung Vereinte Kommunistische Partei **in Deutschland** statt
Vereinte Kommunistische Partei **Deutschlands** aus folgendem Grund:

Zukünftig wäre es sicherlich von argumentativem Vorteil, wenn ganz of-
fensiv in die politische Diskussion die Unterscheidung zwischen deutsch
und deutschländisch eingeführt würde, analog zur Unterscheidung von
russisch und russländisch in der Russländischen Föderation (Russland).

Damit ließe sich politisch differenzierter, treffender, unverfänglicher be-
zeichnen und argumentieren:

deutsche Sprache = Deutsch
deutsche Staatsangehörigkeit = Staatsangehörigkeit Deutschlands
deutsches Volk = alle Menschen, die die Staatsangehörigkeit Deutschlands
haben

deutsche Bevölkerung = alle Menschen, die die Staatsangehörigkeit Deutschlands besitzen und in Deutschland leben
deutsche Nation = deutsches Volk
deutscher Staat = Staat des deutschen Volkes
Deutschland als Vielvölkerstaat

deutschländisches Volk = alle Menschen, die in Deutschland leben, unabhängig davon, ob sie die deutsche Staatsangehörigkeit besitzen oder nicht
deutschländische Bevölkerung = deutschländisches Volk
deutschländische Sprachen = alle Sprachen, die von der Bevölkerung in Deutschland gesprochen werden, Deutsch und alle anderen
deutschländische Nation = deutschländisches Volk
deutschländischer Staat = deutscher Staat

Ergo würde die Bezeichnung Vereinte Kommunistische Partei in Deutschland deutlicher zum Ausdruck bringen, dass das Betätigungsfeld in Deutschland liegt und die Partei weder als Besitztum Deutschlands erscheinen will, noch sich von Deutschland vereinnahmt sehen will!

3. Wehrhafte sozialistische Demokratie! Militärpolitisch sollte an die Erfahrungen (Siege/Niederlagen) der sozialistischen/kommunistischen Bewegungen/Parteien/Regierungen vor allem in Kuba, China, Vietnam, Venezuela, Russland angeknüpft werden. Dasselbe gilt für polizeiliche und geheimdienstliche Strukturbildungen. Es sollte völlig selbstverständlich sein, dass eine sozialistische Regierung in Deutschland auch polizeilich/geheimdienstlich/militärisch in der Lage sein muss, die Errungenschaften erfolgreich gegen gewalttätige innere und äußere Aggressionen zu verteidigen!

4. Grundsätzlich und explizit marxistisch-leninistische Ausrichtung; weitere Bezugspersönlichkeiten: Hugo Chavez, Che Guevara, Fidel Castro, Raul Castro, Ho Chi Minh und andere. Innerparteiliche Struktur: Kombination aus demokratischer Zentralismus/Rätestrukturen (dialektisch verknüpft).

5. Außenpolitik strikt unter Anerkennung des Völkerrechts in der derzeitigen Verfassung Solange es nichts Besseres gibt also kritisch-konstruktive Bezugnahme auf die UN, es gibt derzeit nichts Besseres!

Explizit antiimperialistische Ausrichtung:

Ziel: Unabhängigkeit und Freiheit der Bevölkerung in Deutschland insbesondere von US-amerikanischer imperialistischer Herrschaft.
Ziel: Souveränes Deutschland in einer multipolaren Welt gleichberechtigter Staaten, Länder, Nationen, Völker!

Einzig Erfolg versprechender Weg: sozialistische Revolution.
Diese sozialistische Revolution erfordert strategische Planung. Ohne wissenschaftliche Analyse, Verifikation, Falsifikation, Diskussion und wissenschaftlich begründete Folgerungen bleibt alles erfolgloses Stückwerk!

6. Mischung aus Kader- und Massenpartei, dialektische Verbindung von Vollzeit- und Teilzeit-Revolutionärinnen und -revolutionären. Ohne professionelle Strukturen (Berufsrevolutionärinnen/Berufsrevolutionäre) wird die sozialistische Revolution ein Wunschtraum bleiben.

09.11.2017

Beitrag in der geschlossenen Facebook-Gruppe „Wir LINKEN im Südwesten"

wieder einmal der 09. November!

Diesmal, im Jahr 2017, ist es der Tag,

a) der genau ein Jahr vor dem 100. Jahrestag der Ausrufung der freien sozialistischen Republik Deutschland durch Karl Liebknecht während der Novemberrevolution 1918 in Berlin liegt

u.a.

http://www.novemberrevolution.de/dokument.php?key=liebkrepublik

und

b) an dem die Soldatinnen und Soldaten der syrischen Regierung, die sie unterstützenden Milizen und die Verbündeten aus Russland, Iran, Libanon, Palästina, Irak etc. nach offiziellen Angaben auch die letzte "Hauptstadt" des IS in Syrien, al-Bukamal, vom IS befreit haben!

https://southfront.org/military-situation-in-syria-and-iraq-on-november-9-2017-map-update/

03.11.2017

**Beitrag in der geschlossenen Facebook-Gruppe „Wir LINKEN im Süd-
westen"**

Syrian Army Liberated Deir Ezzor. Overview Of Deir Ezzor Operation Sept.
5 – Nov. 3 (Maps)

https://southfront.org/syrian-army-liberated-deir-ezzor-overview-of-
deir-ezzor-operation-sept-5-nov-3-maps/

28.10.2017

Beitrag in der geschlossenen Facebook-Gruppe „Wir LINKEN im Südwesten"

"Endlich in Frieden leben!
Schluss mit der verbrecherischen Kriegstreiberei!
Wir wollen Frieden in Europa und in der Welt!
Wir verlangen ein umfassendes vertragliches Sicherheitssystem unter Einschluss Russlands!
Stopp Air Base Ramstein!"

Das sind alles richtige, nachvollziehbare Forderungen und Wünsche, die von Wilhelm heute und in den letzten Tagen gepostet wurden.

Ich möchte sie aber zweifach ergänzen.

Erstens durch die Forderungen:

"Deutschland raus aus der NATO!
NATO raus aus Deutschland!"

und zweitens durch einen etwas grundsätzlicheren Diskussionsbeitrag meinerseits zum Thema Krieg und Frieden (erneut an der Entwicklung in Syrien und Irak festgemacht).

Dieser (etwas längere und in den letzten Tagen entstandene) Diskussionsbeitrag besteht aus zwei Teilen, einer kleine Vorrede und daran anschließend den eigentlichen Überlegungen, und ist der Versuch zu reflektieren, dass die Thematik Krieg und Frieden doch um einiges komplizierter ist, als sie in einer Reihe weiterer, gewohnter, klassischer Forderungen der LINKEN zum Ausdruck gebracht wird.

Wer diesen Diskussionsbeitrag lesen und sich mit ihm auseinandersetzen möchte, findet ihn hier:

Gegen den Strom beim Thema Krieg und Frieden_20171026.pdf

28.10.2017

Beitrag in der geschlossenen Facebook-Gruppe „Wir LINKEN im Südwesten" (Gegen den Strom beim Thema Krieg und Frieden_20171026.pdf)

kleine Vorrede

Länger kann ich es mir nicht mehr verkneifen, erneut auf das Thema **Krieg und Frieden** zurückzukommen, da ich die bisher darauf bezogenen Antworten der LINKEN nur noch schwer ertragen kann.

Ich halte sie inzwischen für zutiefst oberflächlich und durch (kritische) Vernunft nicht wirklich begründbar.

Sie entbehren meiner Einschätzung nach sowohl formaler als auch politischer Logik, sind Ausfluss und Ausdruck alleine politischer Wünsche und Gefühle, nicht belegbarer Glaubenssätze oder gar sachfremder Funktionalisierung.

Sie sind meines Erachtens ahistorisch, undialektisch, unmaterialistisch und haben mit (links)sozialistischer, kommunistischer oder marxistisch begründeter Politik nicht wirklich etwas zu tun. Da wird ein diffuser Pazifismus dogmatisch an die Stelle eines sozialistisch begründeten Antimilitarismus (im Sinne insbesondere Lenins oder Karl Liebknechts) gesetzt.

Dabei befindet sich jeder Flügel der LINKEN in je einer eigenen Sackgasse. Daraus sich selbst zu befreien oder befreit zu werden tut Not.

Ein ganz konkretes Beispiel soll das Sackgassen-Dilemma verdeutlichen:

Der eine Flügel der LINKEN lehnt Auslandseinsätze der Bundeswehr kategorisch ab (egal ob mit oder ohne Kampfauftrag, egal ob mit oder ohne UN-Mandat). Der andere Flügel lehnt sie nicht kategorisch ab, sondern möchte jeden Einzelfall prüfen und dann im Einzelfall entscheiden können. In Wirklichkeit geht es beiden Flügeln aber gar nicht um die Sache selbst, sondern um die Nichtherstellung bzw. Herstellung von Kompatibilität für eine systemkonforme SPD/Grüne/LINKE-Regierung.

Der dialektische, materialistische, sozialistische Ausweg aus diesem Dilemma wäre dabei sehr einfach: Keine ahistorische kategorische Ablehnung von Auslandseinsätzen der Bundeswehr, sondern Prüfung und Entscheidung im Einzelfall. Bejahung des Auslandseinsatzes aber **dann und nur dann**, wenn zwei Bedingungen erfüllt sind: a) der Einsatz besitzt völkerrechtliche Legitimität und Konformität sowie b) der Einsatz genügt dem klar definierten sozialistischen, antikapitalistischen, antiimperialistischen, antikolonialistischen Maßstab der LINKEN.

Diesen Maßstab klar und eindeutig und belastbar zu definieren und im Einzelfall unbestechlich zur Richtschnur zu machen, das wäre die eigentliche Aufgabe einer LINKEN, die ihrem Namen gerecht werden will.

Nun aber zum Eigentlichen:

Gegen den Strom

Liebe Genossinnen und Genossen,

auch die jüngsten Ereignisse und Entwicklungen im **Krieg gegen den Islamischen Staat** (IS/ISIS/ISIL/DAESH), **Al Qaida** (HTS) und die vielen anderen
terroristische **Dschihadisten** in **Syrien und Irak**, als da sind:

1. die vollständige Befreiung der ersten „Hauptstadt" des IS in Syrien,
    Raqqa,
2. die vollständige Befreiung der zweiten „Haupstadt" des IS in Syrien,
    Al Mayadeen,
3. die Befreiung weiter Gebiete westlich und östlich des Euphrats in der
    Region **Deir Ezzor** und Al Mayadeen,
4. die unmittelbar bevorstehende Befreiung der letzten vom IS terrori-
    sierten Stadtteile von Deir-Ezzor,
5. die greifbar nahe Befreiung aller sonstigen vom IS besetzten/be-
    herrschten/terrorisierten Gebiete in Syrien (und Irak),
6. die weitgehende Neutralisierung/Isolierung/Eindämmung von Al
    Qaida (HTS) und anderen dschihadistischen Terrorgruppen durch
    starken militärischen Druck,

widerlegen oder untergraben augenfällig einige der **„Selbstverständlichkeiten"**, **„Grundwahrheiten"** oder **„roten Haltelinien"** der **LINKEN** in Bezug auf **Krieg und Frieden** oder rücken sie zumindest in ein anderes Licht:

„Bomben schaffen keinen Frieden."

Was bedeutet Frieden?

Frieden bedeutet im Kern das Gegenteil von Krieg, die Abwesenheit von
Krieg, lokal, regional, global. Dieser Zustand ist in der bisherigen Menschheitsgeschichte lokal und regional immer nur ein vorübergehender Zustand gewesen, jederzeit umkehrbar, global hat es ihn mit größter Wahrscheinlichkeit noch nie gegeben.

Und, das zeigt die Geschichte allzu deutlich, Bomben (und andere Waffen)
haben Kriege nicht nur befeuert, sondern oft auch beendet, also Frieden
oder zumindest die Voraussetzungen für Frieden geschaffen!

Die Geschichte hat insofern längst bewiesen, dass der Wahrheitsgehalt des Satzes „Bomben schaffen keinen Frieden." gleich Null ist. Als Aussage, Feststellung und Behauptung ist der Satz durch die Geschichte eindeutig widerlegt. Der Satz ist schlicht falsch und die häufige Wiederholung durch Linkspartei und Linksfraktion (siehe zwei Beispiele im folgenden Exkurs) macht ihn nicht richtig.

Nicht nur gegen die faschistische Diktatur in Deutschland, auch in Japan und Korea, in Russland und China, in Kuba und Vietnam und anderswo haben Bomben und Waffen zu Siegen geführt und Frieden begründet.

Nicht anders als heute in Syrien und Irak, wo die Bomben der syrischen und irakischen Regierungsarmeen (und ihrer jeweiligen Verbündeten) gegen die islamistischen Terroristen des IS, von al-Qaida und all die anderen dschihadistischen Banden in Mossul, Raqqa, Aleppo, Palmyra, Deir Ezzor, Mayadeen … entscheidend dazu beigetragen haben und beitragen, den Krieg nicht nur an diesen Orten sondern in absehbarer Zeit auch insgesamt zu beenden!

Für LINKE sollte im Übrigen völlig unstrittig sein, dass es dauerhaften Frieden - vor allem global - erst in nachkapitalistischen Zeiten geben kann und wird.

Exkurs

Beispiel 1: In einem Flugblatt der Linksfraktion vom 27.11.2015 (http://neu-alexander.de/files/2015/12/20151127-bomben-schaffen-keinen-frieden.pdf), das bei nicht nur oberflächlicher Lektüre mehr Fragen aufwirft als es Antworten gibt, wird unter der Überschrift: „Bomben schaffen keinen Frieden!" unter anderem ausgeführt:

„Man wird den terroristischen Islamischen Staat (IS) nicht mit militärischen Mitteln besiegen können, solange es weiter Geldströme gibt und der IS mit Ölgeschäften weiter agieren kann. Es müssen jetzt alle zivilen Möglichkeiten ausgeschöpft werden, den IS tatsächlich zu schwächen: Der IS muss besiegt werden, indem konsequent sein Nachschub an Waffen und Kämpfern sowie die IS-Finanzströme unterbunden werden. Dazu müssen sämtliche Waffenexporte in die Region gestoppt, die militärische Zusammenarbeit mit den größten Terror-Sponsoren Saudi-Arabien und den Golfstaaten beendet und die Türkei endlich dazu bewegt werden, die Grenze zu Syrien für jegliche IS-Unterstützung zu schließen."

Was ist von solchen Formulierungen zu halten?

Zunächst einmal, wer ist mit man gemeint? Die in Syrien völkerrechtswidrig agierende US-Koalition? Die in Syrien legitim und völkerrechtskonform agierende syrische Regierung und ihre Verbündeten (u.a. Russland, Iran, Hisbollah)? Die völkerrechtskonform im Irak agierende irakische Regierung und ihre Verbündeten (incl. Deutschland und USA!)?

Mehr noch. Ist der IS nun mit militärischen Mitteln zu besiegen? Ja oder nein? „Solange es weiter Geldströme gibt und der IS mit Ölgeschäften weiter agieren kann", nach Ansicht der Linksfraktion offenbar nein! Bei Wegfall dieses einschränkenden Halbsatzes (angeblich durch zivile Möglichkeiten zu erreichen!) im Umkehrschluss also Ja!

Wer das dann militärisch bewerkstelligen soll?

Im Übrigen, um wie viel wären die Machtbereiche von IS, Al Qaida etc. bis heute verkleinert worden, ihre Terrorherrschaften zurückgedrängt worden, wäre nach der skizzierten „Strategie" der LINKLEN (Ausschöpfung der zivilen Möglichkeiten) verfahren worden?

Das Gegenteil wäre höchst wahrscheinlich der Fall.

Beispiel 2: In einem Interview mit RT am 05.12.2016 führte Sahra Wagenknecht zu Krieg und Frieden und Bomben in Syrien unter anderem Folgendes aus:

„(...) das Wichtigste, was wir in Syrien brauchen, ist ein Ende der Bombardements, ist ... auch eine gemeinsame Anstrengung, wirklich den islamischen Staat und die anderen islamistischen Terrorbanden zurückzudrängen, (...). (...) natürlich geht es auch darum, dass die Ursachen für Kriege behoben werden, also dass man nicht Waffen liefert, wo Kriege stattfinden, sondern dass man konkret zum Beispiel in Syrien wirklich alles daran setzt, dass es dort Frieden gibt, dann gäbe es ja keinen Grund mehr, aus Syrien zu fliehen, wenn dort endlich Frieden hergestellt ist und (...) der islamische Staat zurückgedrängt wird."

Das Interessanteste an den Aussagen Sahra Wagenknechts ist das, was nicht gesagt wird: Was versteht Sahra Wagenknecht unter Zurückdrängung des IS? Wie anders als militärisch sollen der IS und die anderen islamistischen Terrorbanden wirksam und wirklich zurückgedrängt werden? Und wenn militärisch, dann von wem?

Exkurs Ende

„Frieden schaffen ohne Waffen!"

Dieser Satz aus dem Europa-zentrischen Berliner Appell von 1982 ist im Gegensatz zu „Bomben schaffen keinen Frieden" keine längst widerlegte Aussage, sondern eine Aufforderung zum Handeln. Sie ist daher nicht falsch und im Kern eine menschenfreundlich ehrenwerte/hehre. Die raue Wirklichkeit sieht aber leider (meist) anders aus, innerhalb Europas (Jugoslawien, Ukraine) wie außerhalb Europas. Insbesondere IS, Al Qaida etc. in Syrien/Irak/Libyen/Ägypten/Jemen … würden sich einen feuchten Kehricht um diesen Aufruf kümmern und die Region und die halbe Welt mit noch mehr Mord und menschenverachtendem Terror überziehen.

„Schwerter zu Pflugscharen!"

Für diese von der DDR-Friedensbewegung übernommene Aufforderung gilt das zu „Frieden schaffen ohne Waffen" Gesagte in ähnlicher Weise. Darüber hinaus sollte es für LINKE eigentlich vollkommen klar sein, dass (alle) Schwerter verantwortlich erst dann zu Pflugscharen gemacht werden können, wenn Kapitalismus, Kolonialismus und Imperialismus unumkehrbar der Vergangenheit angehören. Bis dahin muss die legitime Verteidigung gegen jede Art von menschenverachtender Gewalt auch bewaffnet möglich bleiben, ebenso wie militärischer Schutz und Verteidigung sozialistischer und kommunistischer Gesellschaften gegen bewaffnete Angriffe und Aggression.

„Bundeswehr abschaffen!"

LINKE, die sich diese Forderung u. a. der DFG-VK zu Eigen machen, bringen damit eine Reihe merkwürdiger Denkmuster zum Ausdruck. Sie hegen entweder die Illusion, ohne militärische Absicherung bzw. glaubwürdige Verteidigungsbereitschaft ließe sich ein Aggressor von einer Aggression abhalten oder aber die Illusion, die Erduldung einer Aggression sei das kleinste von allen Übeln. Kleiner gegenüber dem gescheiterten Versuch einer Abwehr oder - noch fragwürdiger - gegenüber der gelungenen Abwehr einer Aggression. Oder liegt der Forderung nach Abschaffung der Bundeswehr die Überzeugung zugrunde, die Abwehr einer Aggression sei von vorne herein unmöglich?

Für LINKE sollte ein Blick über den bundesdeutschen Tellerrand hinaus genügen, um zu realisieren, wie unausgegoren und kurzsichtig die Parole „Bundeswehr abschaffen!" in Wirklichkeit ist. Ein unverstellter, rationaler, kritisch-solidarischer Blick auf die sozialistische Republik Kuba (Revolutionäre Streitkräfte), die sozialistische Republik Vietnam (Vietnamesische Volksarmee), die Bolivarische Republik Venezuela (Bolivarische Nationale Streitkräfte), die sozialistische Volksrepublik China (Volksbefreiungsarmee) sollte einen realistischeren Ansatz begründen.

Exkurs

Beispiel China: Die Kommunistische Partei Chinas (KPCh) hat aktuell rund 89 Millionen Mitglieder. Sie ist damit nicht nur die zahlenmäßig größte Kommunistische Partei der Welt sondern die größte Partei der Welt überhaupt.

Gerade ist der 19. Parteitag der KPCh zu Ende gegangen. Dabei hat sich die KPCh erneut der Weiterentwicklung der Sozialistischen Demokratie in China verpflichtet und sich dafür ehrgeizige Ziele gesetzt.

Eines der Kernelemente des weiteren Aufbaus des „Sozialismus chinesischer Prägung" ist die „Modernisierung der Landesverteidigung und Armee". Bis zum Jahr 2035 soll dies umgesetzt werden und „die Volksarmee bis Mitte dieses Jahrhunderts umfassend zu einer Armee von Weltrang" entwickelt werden (siehe z.B. http://german.xinhuanet.com/2017-10/18/c_136689281.htm).

In den Worten Xi Jinpings, des wiedergewählten Generalsekretärs des Zentralkomitees der KPCh, aus den Jahren 2012/2013 (siehe **Xi Jinping, China regieren**, Verlag für fremdsprachige Literatur, Peking 2014) geht es dabei um die Umsetzung der „militärisch-strategischen Richtlinie der aktiven Defensive" auf der Basis „des Wissenschaftlichen Entwicklungskonzeptes".

Dies soll zu einer revolutionären Volksbefreiungsarmee führen, die die „Souveränität und Sicherheit" der Volksrepublik China gewährleisten kann.

„Jederzeit kampfbereit zu sein, muss nach wie vor vorrangig für unsere Armee sein, und wir müssen unsere Abschreckungs- und Kampffähigkeiten im Informationszeitalter umfassend steigern sowie unsere Souveränität, Sicherheit und Entwicklungsinteressen wahren. Die gesamte Armee muss militärischen Übungen strategische Bedeutung beimessen, um ihre reale Kampffähigkeit ständig zu erhöhen."

„Es gilt, unsere Streitkräfte nach den Erfordernissen eines realen Krieges hart und strikt zu trainieren. Bei der Modernisierung der Armee soll den Vorbereitungen auf militärische Kämpfe ständig Vorrang eingeräumt werden, um die Fähigkeiten der Armee zur Erfüllung vielfältiger militärischer Aufgaben, von denen die Fähigkeit zum Gewinnen lokal begrenzter Kriege unter den Bedingungen der Verbreitung der Informationstechnologie den Kern bildet, umfassend zu erhöhen."

„Wir müssen unsere militärische Reform weiter vertiefen und ein System moderner militärischer Kräfte chinesischer Prägung aufbauen", eine „revolutionäre Volksarmee, die dem Kommando der Partei folgt", „im Ernstfall auch kampf- und siegesfähig".

Xi Jinping betont zugleich den friedliebenden Charakter der Volksrepublik China: „Die chinesische Nation ist eine friedliebende Nation. Kriege aus der Welt zu schaffen und Frieden zu erreichen, ist seit dem Eintritt in die Moderne die dringlichste und größte Sehnsucht des chinesischen Volks."

Im rein quantitativen Vergleich zur KPCh stellt die Partei DIE LINKE in Deutschland mit ihren rund 60 Tausend Mitgliedern eine fast vernachlässigbare Größe dar. Die Frage drängt sich auf, warum dies in Bezug auf die militärpolitischen Vorstellungen der LINKEN anders sein sollte, und auch die Frage, ob nicht ein großes Maß an Hybris dazu gehört, zu glauben oder zu behaupten, die militärpolitische Position der LINKEN in Deutschland sei das Gelbe vom Ei.

Exkurs Ende

Vernünftigerweise sollte DIE LINKE sowohl in Opposition als auch in (sozialistischer) Regierungsverantwortung sich für die Schaffung von effektiven, der Bevölkerung verbundenen und verpflichteten, demokratisch kontrollierten, sozialistischen Verteidigungsstreitkräften stark machen, die gegen jede Art von Aggressionen von außen bestehen können, sich aber jeder Art eigener Aggression nach innen oder außen enthalten. Statt „Bundeswehr abschaffen!" müsste die Parole linker politischer Logik lauten:

„Sozialistische Verteidigungsstreitkräfte aufbauen!".

„Rüstungsproduktion einstellen!"

Hier gilt Ähnliches wie in Bezug auf die falsche Forderung „Bundeswehr abschaffen!". Dieselbe linke politische Logik, die den Aufbau sozialistischer Verteidigungsstreitkräfte verlangt, führt zwingend zur Formel:

„Sozialistische Rüstungsproduktion unter gesellschaftlicher Verwaltung und demokratischer Kontrolle aufbauen!"

„Rüstungsexporte beenden!"

Diese Forderung ist selbst unter jetzigen Vorzeichen eine falsche. Warum beispielsweise sollten Rüstungsexporte an die Regierungen Iraks und Syriens, die dem Zweck dienen, den IS, Al Qaida etc. in Syrien/Irak zu besiegen, nicht durchgeführt werden?

Die alles entscheidenden Kriterien für oder gegen einen Waffenexport dürften für eine LINKE, egal ob sie sich in Opposition befindet oder in (sozialistischer) Regierungsverantwortung, alleine lauten, ob

a) der Einsatz der exportierten Waffen im Rahmen des Völkerrechts erfolgen soll und wird
    und
b) der Einsatz einem sozialistischen, antikapitalistischen, antiimperialistischen, antikolonialistischen Maßstab genügt.

Die eigentliche und vordringliche Aufgabe bestünde daher darin, den sozialistischen, antikapitalistischen, antiimperialistischen, antikolonialistischen Maßstab zu definieren und in jedem Einzelfall zur Anwendung zu bringen.

Rüstungsexporte an Staaten, Nationen, Völker, Verbündete, die diesen Kriterien genügen und ganz dem Zweck der Selbstverteidigung gegen militärische Aggressionen von außen dienen, sollten daher für eine LINKE, die sich internationalistische Solidarität auf die Fahnen schreibt, eine Selbstverständlichkeit sein.

„Keine Auslandseinsätze der Bundeswehr!"

Auch hier hat DIE LINKE bereits unter heutigem Vorzeichen eine andere, politisch intelligentere, Antwort zu geben als sie es mit dieser Forderung bisher tut.

Auslandseinsätze der Bundeswehr sollten (in Opposition) nicht grundsätzlich abgelehnt werden, sondern dann unterstützt werden, wenn sie

a) völkerrechtliche Legitimität und Konformität besitzen
   und
b) dem sozialistischen, antikapitalistischen, antiimperialistischen, antikolonialistischen Maßstab der LINKEN genügen.

Dass dies nur mit einer gut ausgebildeten und ausgestatteten Bundeswehr geschehen kann, ist dabei selbstverständlich.

Nach dem Aufbau sozialistischer Verteidigungsstreitkräfte und in sozialistischer Regierungsverantwortung stellt sich die Situation nicht anders dar.

Morbach, den 26.10.2017

Rainer Stablo

Anhang:

LINKE „Selbstverständlichkeiten", „Grundwahrheiten", „rote Haltelinien" in Sachen Krieg und Frieden auf den Prüfstand gestellt und ins linke Licht gerückt:

Falsch		Richtig
Bomben schaffen keinen Frieden!		Auch Bomben können Frieden schaffen!
	Frieden schaffen ohne Waffen!	Auch Waffen können Frieden schaffen!
	Schwerter zu Pflugscharen!	
Bundeswehr abschaffen!		Sozialistische Verteidigungsstreitkräfte aufbauen!
Rüstungsproduktion einstellen!		Sozialistische Rüstungsproduktion unter gesellschaftlicher Verwaltung und demokratischer Kontrolle aufbauen!
Rüstungsexporte beenden!		Rüstungsexporte unterstützen, wenn sie a) völkerrechtlich legitim und konform sind und b) sozialistischem, antikapitalistischem, antiimperialistischem, antikolonialistischem Maßstab genügen!
Keine Auslandseinsätze der Bundeswehr!		Auslandseinsätze der Bundeswehr bzw. der sozialistischen Verteidigungsstreitkräfte unterstützen, wenn sie a) völkerrechtlich legitim und konform sind und b) sozialistischem, antikapitalistischem, antiimperialistischem, antikolonialistischem Maßstab genügen!

NHB
686
Walter Peter Stablo
*07.12.1930
✝04.02.2019